LET'S PLAY
I SPY
WITH MY LITTLE EYE
GARBAGE TRUCKS

I SPY
ALL
GARBAGE TRUCKS

I SPY
ALL
GARBAGE TRUCKS

I SPY
ALL
GARBAGE TRUCKS

I SPY
ALL
GARBAGE TRUCKS

I SPY
ALL
GARBAGE TRUCKS

I SPY
ALL
GARBAGE TRUCKS

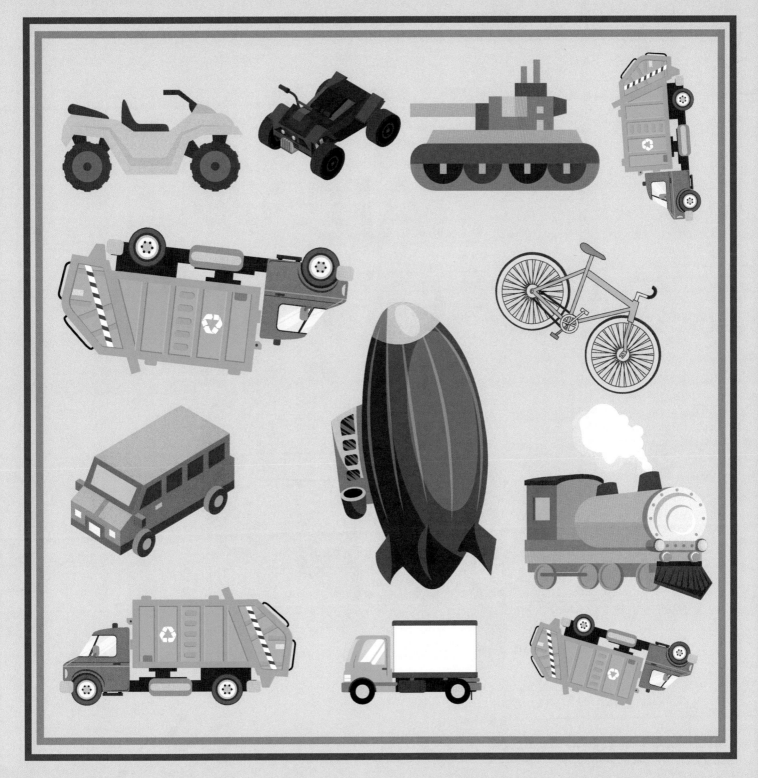

I SPY
ALL
GARBAGE TRUCKS

I SPY
ALL
GARBAGE TRUCKS

I SPY
ALL
GARBAGE TRUCKS

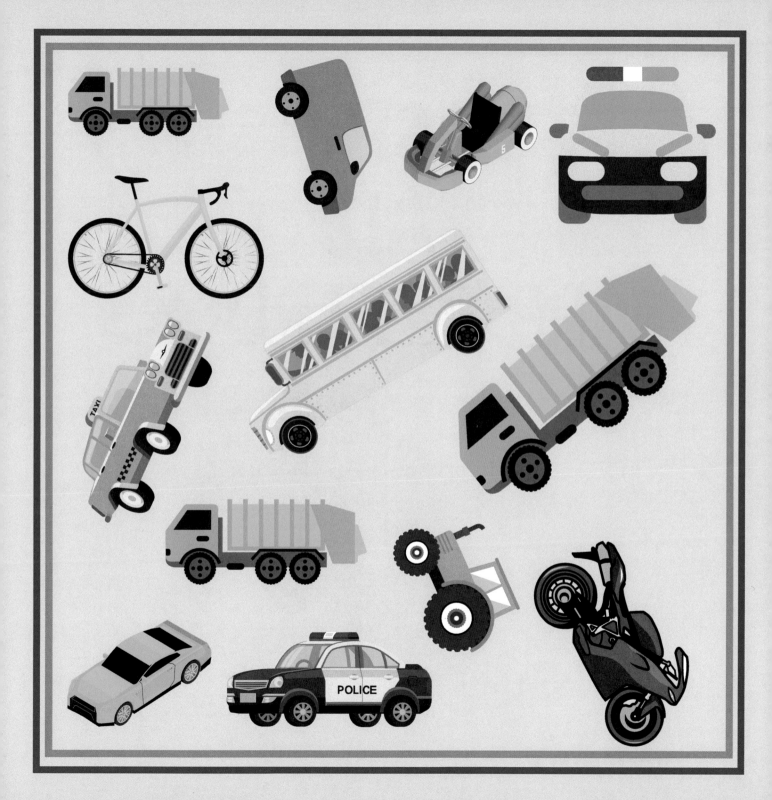

I SPY
ALL
GARBAGE TRUCKS

I SPY
ALL
GARBAGE TRUCKS

I SPY
ALL
GARBAGE TRUCKS

I SPY
ALL
GARBAGE TRUCKS

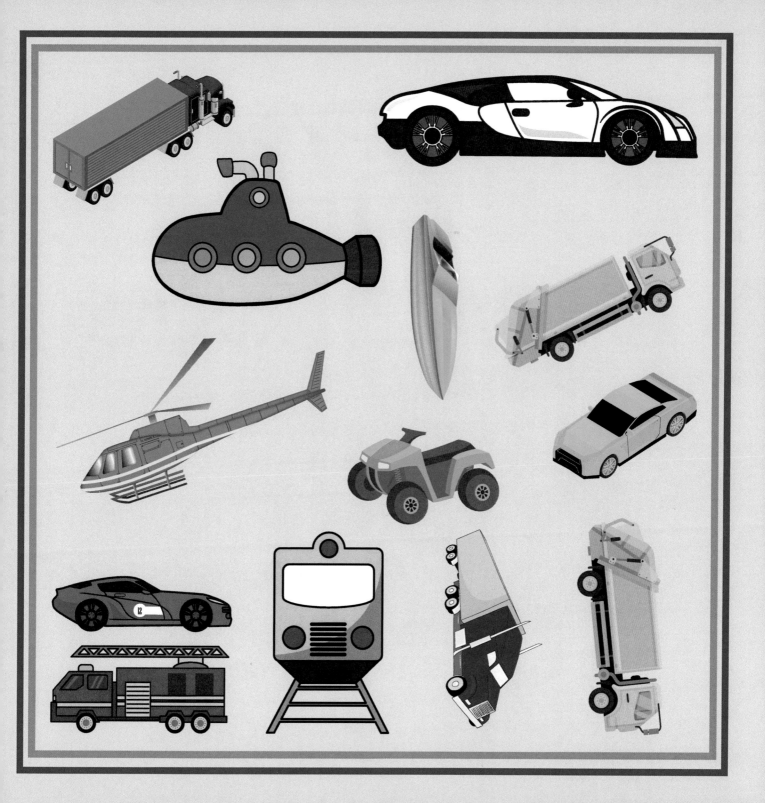

I SPY
ALL
GARBAGE TRUCKS

I SPY
ALL
GARBAGE TRUCKS

I SPY
ALL
GARBAGE TRUCKS

I SPY
ALL
GARBAGE TRUCKS

I SPY
ALL
GARBAGE TRUCKS

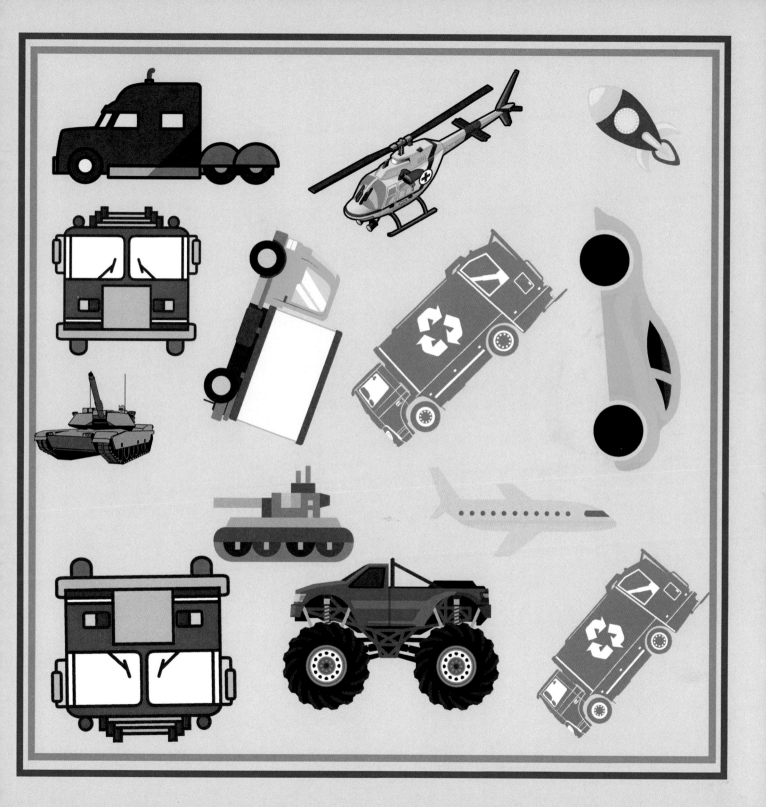

Made in the USA
Middletown, DE
15 January 2023